AI와 신앙생활

인공지능총서

인공지능 시대입니다. 기계가 인간의 인지를 대신하고, 사물이 인간을 통하지 않고 다른 사물과 직접 커뮤니케이션합니다. 이에 따른 인간 삶과 문명 변화를 정확히 이해·예측·대응하는 것은 이 시대 우리 모두의 과제입니다. 인공지능총서는 인공지능 기술과 환경의 여러 주제를 10가지 키워드로 정리합니다. 관련 개념과 이론, 학계와 산업계의 쟁점, 우리 일상의 변화를 다룹니다. 인간과 기술의 현재, 미래를 세심히 분석합니다.

일러두기

- 인명, 작품명, 저서명, 개념어 등은 한글과 함께 괄호 안에 해당 국가의 원어를 병기했습니다.
- 외래어 표기는 현행 어문규정의 외래어표기법을 따랐습니다. 단, 딥러닝 등 업계에서 굳어진 용어는 관행에 따랐습니다.

처음이세요?

전문가세요?

지금, 큐알 찍으면

🎁 AI 입문서 바로 선물

📚 당신만의 필독서 추천

📖 500권 요약본 공짜

🎧 오디오북 무료 사용

AI와 신앙생활

임명수

대한민국, 서울, 커뮤니케이션북스, 2025

AI와 신앙생활

지은이 임명수
펴낸이 박영률

초판 1쇄 펴낸날 2025년 7월 31일

커뮤니케이션북스(주)
출판 등록 2007년 8월 17일 제313-2007-000166호
02880 서울시 성북구 성북로 5-11
전화(02) 7474 001, 팩스(02) 736 5047
commbooks@commbooks.com
www.commbooks.com

ISBN 979-11-430-0774-2 03500

책값은 뒤표지에 표시되어 있습니다.

차례

AI 시대, 신앙의 의미를 다시 묻다

인공지능(AI)은 이제 인간의 삶 깊은 곳까지 영향을 미치고 있다. 일상생활은 물론이고, 교육, 노동, 예술, 윤리, 인간관계에 이어 이제는 신앙생활도 AI의 영향권에 들어섰다. AI가 설교문을 만들고, 성경을 해석하며, 신자에게 상담을 제공하는 시대에 우리는 더 이상 이 변화의 흐름을 외면할 수 없다.

기계가 과연 인간의 신앙을 이해할 수 있는가? 더 나아가, 신앙의 본질을 지키면서 기술을 활용하는 길은 존재하는가? 이 책 《AI와 신앙생활》은 이러한 질문에서 출발한다.

이 책은 기독교를 중심에 두되, AI가 종교 전반에 미치는 영향을 함께 다루며, 신앙과 기술이 충돌하는 것이 아니라 조화를 이룰 수 있는 가능성을 탐색한다. AI는 단지 계산하고 예측하는 도구를 넘어, 인간의 내면과 감정, 나아가 영적인 영역까지 흉내 내려 하고 있다. 이러한 변화 속에서 신앙인은 무엇을 지켜야 하며, 어떤 관점을 가져야 하는가?

신앙은 인간의 가장 근원적인 질문, 즉 "나는 누구인가", "삶의 목적은 무엇인가", "고통과 죽음을 어떻게 받아들일 것인가"에 답하려는 시도다. 그런데 AI가 그러한 질문에 대해 기계적인 답을 제시하려 한다면, 우리는 그것을 어떻게 받아들여야 할까? AI가 만들어낸 설교, AI가 해석한 성경, AI가 권유하는 기도 방식, 이러한 것들을 과연 진정한 신앙생활이라 부를 수 있는가?

이 책은 다음과 같은 다섯 가지 문제의식을 중심으로 구성된다.

AI와 영성

영성은 인간이 신과 만나는 고유한 체험이다. 기도, 묵상, 회개, 찬양과 같은 행위를 통해 영적인 깊이를 쌓아가는 것이 신앙인의 삶이다. 그런데 AI가 이러한 과정을 대신할 수 있을까? AI가 생성한 묵상 글이나 기도문을 사용하는 일이 늘고 있지만, 그것이 과연 인간의 진정한 영적 성숙에 도움이 되는가, 아니면 오히려 영성의 기계화를 초래하는가?

AI와 성경 해석

AI는 수많은 자료를 학습해 특정 문장을 분석하고 의미를 유추할 수 있다. 하지만 성경은 단순한 문서가 아니라, 시대와 공동체, 인간의 삶이 얽혀 있는 신앙의 기록이다. AI가 제시하는 성경 해석은 매우 빠르고 체계적일 수 있으나, 신학적 전통과 신자 개인의 삶과 맞닿아 있는 해석의 깊이를 담보할 수 있을까? AI 해석은 참고 자료가 될 수 있으나, 최종 판단은 여전히 인간의 몫이어야 한다는 사실을 잊지 말아야 한다.

AI와 목회

최근에는 AI가 설교문을 작성하고, 질문에 답변하며, 심지어 가상 성직자로 활동하는 경우도 등장하고 있다. 그러나 목회는 단순한 정보 제공이 아니다. 신자 한 사람 한 사람의 삶에 동행하고, 공감하고, 아픔을 함께 느끼며 위로하는 일이 목회의 본질이다. AI는 그것을 대신할 수 없다. 인간 목회자의 역할은 기술이 아무리 발달하더라도 결코 사라질 수 없는 자리다.

AI와 신앙 공동체

팬데믹 이후 온라인 예배, 메타버스 예배, 가상 교회 등이 빠르게 확산되고 있다. AI 기반의 신앙 공동체도 등장하고 있다. 이는 분명히 물리적 한계를 넘어서는 장점이 있다. 하지만 공동체는 단순한 정보 공유가 아니라, 신뢰와 책임, 물리적 관계 속에서 형성되는 영적 유대다. AI 기반의 예배나 교제가 그것을 대신할 수 있을지에 대해서는 신중한 검토가 필요하다.

AI 윤리와 신앙

AI를 신앙생활에 활용할 때 윤리적인 문제도 동반된다. AI는 만들어진 데이터에 따라 편향된 판단을 할 수 있고, 특정 종교관을 왜곡하거나 과도하게 강화할 수도 있다. 이러한 도구를 사용할 때, 우리는 어떤 기준과 태도를 가져야 하는가? 신앙적 양심은 기술을 통제할 수 있는가? 이는 단지 기술의 문제가 아니라 신앙의 책임이기도 하다.

이 책의 목적은 신앙인들이 AI 시대에 흔들림 없이 신앙의 가치를 지키고, 동시에 기술을 현명하게 활용할 수 있도록 돕는 것이다. 단순한 기술 안내서가 아니라, 신앙의 본질을 되돌아보게 하는 영적 성찰의 기회를 제공하고자 한다.

신학자, 목회자, 평신도는 물론이고, AI 윤리나 종교철학에 관심 있는 이들에게도 이 책은 새로운 시야를 열어 줄 것이다.

AI는 결국 인간이 만든 도구다. 그러나 이 도구가 인간의 깊은 내면, 즉 신앙의 영역까지 들어올 때, 우리는 기술에 휘둘릴 것인가, 아니면 주체적으로 활용할 것인가를 결정해야 한다.

책의 구성

《AI와 신앙생활》은 신앙을 지키되 시대를 외면하지 않고, 기술을 활용하되 믿음을 잃지 않는 그 균형점을 찾아가려는 시도다. AI가 인간의 신앙을 대신하는 것이 아니라, 신앙을 더 풍요롭게 할 수 있는 도구가 되도록 만들기 위한 고민과 질문의 기록이다. 이 책이 그 여정의 시작이 되기를 바란다.

《AI와 신앙생활》은 인공지능의 발전이 신앙에 어떤 영향을 미치는지를 본격적으로 다루는 책이다. 이 책은 AI가 신앙생활의 여러 측면에서 제시하는 가능성과 동시에 마주하게 되는 도전들을 신학적, 윤리적, 공동체적 시각에서 고찰한다.

1장에서는 인공지능 기술이 신앙의 영역에 어떻게 접목되고 있으며, 이로 인해 개인과 공동체가 어떤 변화를 경험하고 있는지를 개괄적으로 소개한다. AI의 정의와 발전 과정, 신앙생활에서 실제로 사용되고 있는 기술의 사례, 그리고 AI와 종교 간의 초기 상호작용에 대한 탐색이 중심이 된다.

2장은 AI와 영성의 관계를 조명한다. AI가 인간의 기도와 명상, 묵상 등의 영적 실천을 어떻게 보조하거나 변형할 수 있는지를 탐구하며, 음성인식 기반 기도 도구, 가상현실 명상 앱, 영성 훈련 보조 시스템 등 다양한 사례를 소개한다. 이 장에서는 기술을 통해 경험되는 새로운 영성의 모습과 함께, 그것이 인간과 AI 사이의 교감으로 받아들여질 수 있는지에 대한 물음이 제기된다.

3장은 AI가 신학적 질문에 어떻게 도전하고 있는지를 다룬다. 창조주와 피조물의 관계, 인간의 고유성과 자유의지 같은 전통적인 신학 주제가 AI 시대에 재해석되거나 근본적으로 의문시되는 상황을 다룬다. 인간과 기계의 경계가 희미해지는 시대에 신학은 어떤 방향으로 나아가야 하는지, AI는 신학을 심화하는 도구가 될 수 있는지를 묻는다.

4장에서는 교회의 운영과 목회 사역 전반에 AI가 미치는 영향을 분석한다. AI를 활용한 예배 자동화, 행정 시스템 효율화, AI 목회자, 온라인 예배 플랫폼 등의 사례를 소개하며, 기술이 교회의 기능을 어떻게 확장 또는 대체할 수 있는지를 살펴본다. 동시에 AI가 제공하는 목회 상담의 윤리적 문제와 공동체 내 신뢰 형성의 어려움에 대해서도 성찰한다.

5장은 AI가 야기하는 윤리적 문제를 신앙의 시각에서 접근한다. AI가 생성하고 사용하는 데이터의 편향성과 프라이버시 침해, 알고리즘의 윤리적 책임, AI의 도덕적 판단 등과 같은 이슈들이 신앙 공동체에 어떤 윤리적 과제를 부여하는지를 탐색한다. AI 기술의 확산 속에서 신앙 공동체가 어떤 책임을 져야 하며, 어떻게 기술과 윤리를 함께 조율해야 하는지를 고민한다.

6장은 미래를 향한 전망을 제시한다. AI가 신앙의 다양한 영역에서 어떤 발전 가능성을 갖고 있는지를 살펴보되, 기술이 절대적으로 대체할 수 없는 인간의 고유한 영적 감수성과 관계성을 강조한다. AI의 기술적 한계와 함께 인간 영성의 지속적인 중요성을 짚으며, 기술과 신앙이 조화롭게 공존할 수 있는 방향성을 모색한다.

7장에서는 AI가 성경 연구에 어떻게 활용될 수 있는지를 구체적으로 다룬다. 자연어 처리 기술을 기반으로 한 성경 텍스트 분석, 역사적·언어적 맥락의 재구성, 해석학적 도구로서의 AI 응용 사례들이 소개된다. AI가 성경의 구조와 내용을 새로운 시각으로 조명하는 수단이 될 수 있는 가능성을 제시하는 동시에, 전통적인 신앙 해석과의 균형에 대해서도 고민한다.

8장에서는 AI를 선교의 도구로 활용하는 방안을 탐색한다. 자동 번역 시스템, 문화별 응답 알고리즘, 가상 선교 플랫폼을 통해 물리적 한계를 넘어 글로벌 신앙 공동체를 확장하는 가능성을 제시하며, 동시에 문화적 차이를 AI가 어떻게 이해하고 조율할 수 있는지, 선교의 본질이 기술에 의해 어떻게 변화하는지를 분석한다.

9장은 청소년 신앙 교육의 변화 가능성을 중심으로 서술된다. AI가 청소년 개개인에게 맞춤형으로 제공하는 신앙 학습 프로그램, 가상현실 기반 체험형 교육, AI 튜터의 활용 사례를 통해 새로운 교육 모델을 제시한다. 기술 중심 교육이 가져올 수 있는 몰입과 접근성 향상 효과를 인정하면서도, 전통적인 인격 교육과 공동체적 훈련의 중요성을 함께 강조한다.

마지막 10장은 전체 내용을 종합하며, AI 시대에도 신앙의 본질을 어떻게 지켜낼 수 있을지를 되묻는다. 기술이 점점 더 인간의 영역을 침범해 오는 상황에서도, 신앙은 단순히 정보가 아니라 삶의 태도이며, 관계이자 공동체적 실천임을 다시 강조한다. 기술과 영성의 균형을 어떻게 유지할 것인지, 그리고 신앙 공동체는 앞으로 어떤 역할을 수행해야 하는지에 대한 제언을 덧붙이며 책을 마무리한다.

《AI와 신앙생활》은 기술이 모든 것을 뒤바꾸는 시대에, 신앙이 과연 무엇을 지켜야 하고, 어디까지 수용할 수 있는지를 성찰하는 여정이다. 독자는 이 책을 통해 신앙과 기술의 경계에 서서, 조화롭고도 지혜로운 삶의 길을 모색할 수 있을 것이다.

참고문헌

Barr, J.(1980). *The Scope and Authority of the Bible.* SCM Press.

Boddington, P.(2017). *Towards a Code of Ethics for Artificial Intelligence.* Springer.

Coeckelbergh, M.(2011). Artificial Intelligence, Responsibility and the Future of Machine Ethics. *AI & Society, 26*(2).

Dyer, J.(2011). *From the Garden to the City: The Redeeming and Corrupting Power of Technology.* Kregel Publications.

Kelly, K.(2016). *The Inevitable: Understanding the 12 Technological Forces That Will Shape Our Future.* Viking.

Christianity and Technology Initiative. https://www.christianityandtechnology.org/

OpenAI Blog. https://openai.com/blog/

Pew Research Center(2021). Artificial Intelligence and the Future of Humans.

Bible Gateway API Documentation. https://www.biblegateway.com/usage/v1/

01
AI와 신앙의 교차로

21세기 인류가 맞이한 가장 급격한 기술 혁신인 AI가 신앙생활에 어떤 방식으로 영향을 미치고 있으며, 앞으로 어떤 기회와 도전을 가져올지를 개괄적으로 조망한다. AI는 단순히 도구를 넘어, 인간 존재와 정체성에 대한 근본적인 질문을 던지며, 이는 신앙의 본질과도 깊이 연결된다. AI 기술의 개요와 발전사, 그리고 신앙 공동체와 개인의 신앙생활에 도입되고 있는 다양한 기술 사례들을 소개하며, 신앙과 기술이 교차하는 지점에서 우리가 어떤 시선으로 이 변화를 바라봐야 할지를 신학적 시각으로 성찰해 본다.

AI와 1인 창업?

기술과 신앙의 만남

AI는 현대 사회에서 빠르게 발전하며 우리 삶의 다양한 측면에 영향을 미치고 있다. 의료, 교육, 금융, 엔터테인먼트 등 거의 모든 분야에서 AI의 흔적을 찾을 수 있다. 그러나 AI의 영향은 단순히 세속적인 영역에만 국한되지 않는다. 신앙생활과 영성이라는 깊이 있는 인간의 내면적 영역에도 AI는 점차 침투하고 있다. 이 장에서는 AI와 신앙이 어떻게 교차하고 있는지, 그리고 이 만남이 신앙 공동체와 개인에게 어떤 의미를 가지는지 탐구한다.

AI는 단순히 기술적 도구를 넘어, 인간의 사고방식과 세계관에까지 영향을 미치는 강력한 힘을 가지고 있다. 신앙생활에서 AI는 기도, 명상, 성경 연구, 교회 운영 등 다양한 영역에서 활용될 수 있다. 그러나 동시에 AI는 신학적, 윤리적 질문을 도발하며, 신앙의 본질에 대한 새로운 고민을 불러일으킨다. 이 장에서는 AI와 신앙의 초기 교차점을 살펴보고, 이 관계가 앞으로 어떻게 발전할 수 있는지 전망한다.

AI의 정의와 발전

AI는 인간의 지능을 모방하거나 대체할 수 있는 컴퓨터 시스템을 의미한다. 머신러닝, 딥러닝, 자연어 처리

(NLP), 컴퓨터 비전 등 다양한 기술이 AI의 핵심을 이루고 있다. AI는 데이터를 분석하고 패턴을 학습하며, 인간의 결정을 지원하거나 대체하는 역할을 한다. 최근 몇 년 동안 AI는 급속히 발전하여, 이제는 인간의 언어를 이해하고, 이미지를 인식하며, 복잡한 문제를 해결할 수 있는 수준에 이르렀다.

AI의 발전은 신앙생활에도 영향을 미치기 시작했다. 예를 들어, AI 기반 앱은 개인의 기도 습관을 분석하고 맞춤형 영적 조언을 제공할 수 있다. 가상현실(VR) 기술은 사용자가 가상의 성지 순례를 경험할 수 있도록 돕는다. 또한 AI는 성경 텍스트를 분석하여 새로운 해석을 제시하거나, 교회 행정을 자동화하여 목회자의 업무 부담을 줄이는 데 활용될 수 있다.

신앙생활에서의 기술 활용 사례

AI가 신앙생활에 활용되는 사례는 점점 더 다양해지고 있다. 다음은 몇 가지 주요 사례다.

AI 기반 기도 앱

AI는 개인의 기도 습관을 분석하고, 기도 제목을 추천하거나, 기도 생활을 개선할 수 있는 조언을 제공한다. 예를 들어, 일부 앱은 사용자의 감정 상태를 분석하여 적절한 기도문을 추천한다.

가상현실(VR) 명상

가상현실 기술을 통해 사용자는 가상의 성지나 평화로운 자연 환경에서 명상할 수 있다. 이는 특히 도시에 거주하며 명상할 공간이 부족한 사람들에게 유용하다.

AI 목회 상담

AI 챗봇은 목회 상담을 지원할 수 있다. 사용자는 AI와 대화하며 자신의 고민을 털어놓고, AI는 성경 구절이나 조언을 제공한다. 물론 AI는 인간 목회자를 완전히 대체할 수는 없지만, 초기 상담이나 지속적인 지원 역할을 할 수 있다.

성경 연구 도구

AI는 성경 텍스트를 분석하여 새로운 해석을 제시하거나, 역사적 맥락을 재구성하는 데 활용된다. 예를 들어, AI는 성경의 특정 단어나 구절이 다른 문화나 시대에서 어떻게 이해되었는지 분석할 수 있다.

교회 운영 자동화

AI는 교회 행정을 자동화하여, 등록, 예산 관리, 일정 조정 등을 효율적으로 처리할 수 있다. 이를 통해 목회자는 신앙적 사역에 더 많은 시간을 할당할 수 있다.

AI와 신앙의 상호작용에 대한 초기 논의

AI가 신앙생활에 도입되면서, 신학자와 신앙인들은 이 기술이 신앙의 본질에 어떤 영향을 미치는지 논의하기 시작했다. 주요 논의 포인트는 다음과 같다.

창조주와 피조물의 관계

AI는 인간이 창조한 기술이지만, 점점 더 복잡해지면서 인간의 역할을 대체할 가능성이 있다. 이는 창조주와 피조물의 관계에 대한 신학적 질문을 도발한다. AI가 인간의 독특성을 위협하는가? 아니면 인간의 창조적 잠재력을 확장하는 도구인가?

자유의지와 결정

AI는 데이터를 기반으로 결정을 내린다. 이는 인간의 자유의지와 어떻게 조화를 이룰 수 있는가? 신앙적으로 인간은 하나님의 뜻을 따라 결정을 내려야 한다. AI의 결정이 인간의 영적 선택에 영향을 미칠 때, 이는 윤리적 문제를 야기할 수 있다.

영성과 기술의 경계

AI가 기도, 명상, 성경 연구를 지원할 수 있지만, 이는 영성의 본질을 훼손하지 않는가? 기술이 영적 체험을 대체하거나 왜곡할 위험이 있는가?

결론: AI와 신앙의 미래

AI와 신앙의 만남은 단순히 기술적 도입을 넘어, 신앙의 본질에 대한 깊은 질문을 던지고 있다. AI는 신앙생활을 풍요롭게 할 수 있는 도구이지만, 동시에 신학적, 윤리적 도전을 안고 있다. 앞으로 AI가 신앙 공동체와 개인의 영적 성장에 어떻게 활용될지, 그리고 이 과정에서 어떤 문제가 발생할지 지속적으로 논의해야 한다.

AI는 신앙의 본질을 대체할 수 없지만, 신앙생활을 지원하고 확장하는 도구로 활용될 수 있다. 기술과 영성의 조화를 이루기 위해서는 신학적 성찰과 윤리적 고민이 필수적이다. 이 책의 다음 장에서는 AI가 기도, 명상, 신학, 교회 운영 등에 어떻게 활용될 수 있는지 더 깊이 탐구할 것이다.

AI와 신앙의 초기 교차점을 탐구하며, 이 만남이 신앙생활에 어떤 의미를 가지는지 살펴보았다. AI는 신앙생활을 풍요롭게 할 수 있는 도구이지만, 동시에 신학적, 윤리적 질문을 도발한다. 앞으로 이러한 질문에 대한 답을 모색하며, AI와 신앙의 조화로운 공존을 모색할 것이다.

02
AI와 영성: 새로운 기도와 명상의 방식

기도와 묵상은 신앙인의 내면을 형성하는 핵심적인 영적 행위다. AI 기술이 이 내면의 영역, 특히 개인의 영성 훈련과 하나님과의 사귐에 어떤 방식으로 접근하고 있는지를 탐구한다. AI 기반 기도 앱, 음성 인식 기도 도우미, 가상현실 명상 체험 등은 기도와 묵상의 물리적 · 시간적 한계를 넘어 새로운 형태의 영적 실천을 가능하게 한다. 동시에 이러한 기술적 매개가 인간의 내면성과 하나님의 임재 사이에 어떤 긴장을 만들어 내는지도 신앙적 관점에서 고찰한다.

AI와 MBTI?

영성과 기술의 융합

영성은 인간의 내면적 탐구와 신성한 존재와의 관계를 다루는 깊이 있는 주제다. 전통적으로 기도, 명상, 성찰은 신앙생활의 핵심 요소로 여겨져 왔다. 그러나 현대 사회에서 기술의 발전은 이러한 영적 실천에 새로운 가능성을 열고 있다. AI는 이제 기도와 명상을 지원하는 도구로 활용되며, 개인의 영적 성장을 돕는 역할을 하고 있다. 이 장에서는 AI가 어떻게 기도와 명상의 방식을 변화시키고 있는지, 그리고 이 변화가 신앙생활에 어떤 의미를 가지는지 탐구한다.

AI 기반 기도 도구

AI는 기도 생활을 지원하는 다양한 도구를 제공한다. 이러한 도구는 개인의 기도 습관을 분석하고, 맞춤형 기도 제목을 추천하며, 기도 생활을 개선할 수 있는 조언을 제공한다. 다음은 AI 기반 기도 도구의 주요 사례다.

기도 습관 분석

AI는 개인의 기도 패턴을 분석하여, 언제, 얼마나 자주 기도하는지 추적한다. 이를 통해 사용자는 자신의 기도 생활을 객관적으로 평가하고 개선할 수 있다.

맞춤형 기도 제목 추천

AI는 사용자의 상황과 감정 상태를 분석하여 적절한 기도 제목을 추천한다. 예를 들어, 스트레스를 받고 있는 사용자에게 평안을 위한 기도를 추천할 수 있다.

음성 인식 기도 도구

AI 음성 인식 기술을 통해 사용자는 음성으로 기도문을 입력하고, AI는 이를 기록하거나 분석한다. 이는 특히 시각 장애인이나 손이 불편한 사람들에게 유용하다.

기도 커뮤니티 연결

AI는 비슷한 기도 제목을 가진 사람들을 연결하여, 기도 그룹을 형성할 수 있도록 돕는다. 이를 통해 신앙 공동체의 유대감을 강화할 수 있다.

AI와 명상: 가상현실(VR)과의 결합

명상은 마음을 가다듬고 내면의 평화를 찾는 중요한 영적 실천이다. AI는 명상을 지원하는 다양한 기술을 제공하며, 특히 가상현실과의 결합은 새로운 명상 경험을 가능하게 한다. 다음은 AI와 가상현실을 활용한 명상 도구의 주요 사례다.

가상 명상 공간

가상현실 기술을 통해 사용자는 가상의 성지나 평화로운 자연 환경에서 명상할 수 있다. 예를 들어, 예루살렘 성지나 히말라야 산맥을 배경으로 한 명상 프로그램이 있다.

AI 명상 가이드

AI는 사용자의 명상 상태를 실시간으로 분석하고, 명상의 깊이를 조절할 수 있는 가이드를 제공한다. 예를 들어, 사용자의 호흡 패턴을 분석하여 적절한 명상 음악이나 안내 음성을 제공한다.

맞춤형 명상 프로그램

AI는 사용자의 스트레스 수준, 감정 상태, 생활 패턴을 분석하여 맞춤형 명상 프로그램을 추천한다. 이를 통해 사용자는 자신에게 가장 적합한 명상 방식을 찾을 수 있다.

AI와 영적 성찰

영적 성찰은 자신의 삶과 신앙을 돌아보는 중요한 과정이다. AI는 영적 성찰을 지원하는 도구로 활용될 수 있으며, 특히 일기 작성과 감정 분석에 유용하다. 다음은 AI 기반 영적 성찰 도구의 주요 사례다.

AI 일기 분석

사용자가 일기를 작성하면, AI는 이를 분석하여 감정 상태와 영적 성장을 평가한다. 이를 통해 사용자는 자신의 영적 여정을 객관적으로 돌아볼 수 있다.

성찰 질문 추천

AI가 사용자의 상황과 감정 상태를 기반으로 영적 성찰을 위한 질문을 추천한다. 예를 들어, "오늘 나는 하나님의 사랑을 어떻게 경험했는가?"와 같은 질문을 제시할 수 있다.

영적 성장 추적

AI가 시간에 따른 사용자의 영적 성장을 추적하고, 이를 시각적으로 보여 준다. 이를 통해 사용자는 자신의 영적 발전을 확인할 수 있다.

AI와 영성의 윤리적 고민

AI가 영성에 도입되면서, 몇 가지 윤리적 고민이 제기된다. 주요 고민 사항은 다음과 같다.

영성의 본질 훼손

AI가 기도와 명상을 지원하지만, 이것이 영성의 본질을 훼손하지는 않는가? 기술이 영적 체험을 대체하거나 왜곡할 위험이 있는가?

개인 정보 보호

AI가 사용자의 기도와 명상 데이터를 수집하고 분석한다. 이 과정에서 개인 정보가 보호될 수 있는가? 데이터가 오용되거나 유출될 위험은 없는가?

인간과 기계의 경계

AI가 영적 조언을 제공할 때, 이는 인간 목회자나 영적 지도자의 역할을 대체하는가? 인간과 기계의 경계가 모호해지는 문제를 어떻게 해결할 것인가?

기술과 영성의 조화

AI는 기도, 명상, 영적 성찰을 지원하는 강력한 도구로 활용될 수 있다. 그러나 이는 영성의 본질을 훼손하지 않도록 신중하게 접근해야 한다. 기술과 영성의 조화를 이루기 위해서는 신학적 성찰과 윤리적 고민이 필수적이다. AI가 영적 성장을 돕는 도구로 활용되면서도, 인간의 내면적 탐구와 신성한 존재와의 관계를 깊이 있게 유지할 수 있는 방안을 모색해야 한다.

AI가 기도, 명상, 영적 성찰을 어떻게 지원할 수 있는지 탐구했다. AI는 영적 실천을 풍요롭게 할 수 있는 도구이지만, 동시에 윤리적 고민을 안고 있다. 이제 AI가 신학적 질문에 어떻게 도전하는지, 그리고 이 도전이 신앙의 본질에 어떤 의미를 가지는지 논의할 것이다.

03
AI와 신학: 신앙의 본질에 대한 질문

AI의 등장과 발전은 인간 존재에 대한 신학적 질문을 다시 제기한다. 우리는 과연 무엇으로 인간이라 불리는가? 피조물과 창조주의 관계는 어떻게 설명되어야 하는가? 자유의지와 윤리적 판단 능력이 인간의 고유 영역이라면, AI가 이 역할을 흉내 낼 때 우리는 어떤 입장을 취해야 하는가? 본질적 질문에 대해 전통 신학의 틀 안에서, 그리고 현대 기술 환경 속에서 균형 있게 다룬다. AI가 제기하는 신학적 도전은 단지 위협이 아니라, 오히려 더 깊은 신앙적 통찰과 신론 · 인간론 · 구속론에 대한 재해석의 기회를 제공할 수 있음을 주장한다.

AI와 난임 극복?

서론: AI가 던지는 신학적 도전

AI의 발전은 단순히 기술적 혁신을 넘어, 인간의 존재론적, 신학적 질문을 재고하게 만든다. AI가 인간의 지능을 모방하고, 때로는 이를 뛰어넘는 능력을 보이면서, 창조주와 피조물의 관계, 인간의 독특성, 자유의지 등 신학적 주제에 대한 새로운 논의가 필요해졌다. 이 장에서는 AI가 신학에 어떤 질문을 던지고 있는지, 그리고 이 질문이 신앙의 본질에 어떤 의미를 가지는지 탐구한다.

창조주와 피조물의 관계

AI는 인간이 창조한 기술이지만, 점점 더 복잡해지면서 인간의 역할을 대체할 가능성이 있다. 이는 창조주와 피조물의 관계에 대한 신학적 질문을 도발한다. 주요 논의 포인트는 다음과 같다.

인간의 창조적 역할

인간은 하나님의 형상대로 창조되었으며, 창조적 능력을 부여받았다. AI는 인간의 창조적 능력을 확장하는 도구인가, 아니면 인간의 독특성을 위협하는 존재인가?

AI의 도덕적 책임

AI가 인간의 결정을 대체할 때, 이는 도덕적 책임의 문제를 야기한다. AI의 결정이 잘못되었을 때, 누가 책임을 져야 하는가? 이는 창조주와 피조물의 관계를 어떻게 이해해야 하는지에 대한 질문을 던진다.

AI와 종말론

AI의 발전이 인간의 미래에 어떤 영향을 미칠지, 그리고 이는 종말론적 관점에서 어떻게 이해될 수 있는지 논의된다. AI가 인간의 운명을 바꿀 수 있는가?

인간의 독특성과 AI

기독교 신학은 인간이 하나님의 형상대로 창조된 독특한 존재임을 강조한다. 그러나 AI가 인간의 지능을 모방하고, 때로는 이를 뛰어넘는 능력을 보이면서, 인간의 독특성에 대한 질문이 제기된다. 주요 논의 포인트는 다음과 같다.

지능과 영성

인간의 독특성은 단순히 지능에 있는가, 아니면 영성에 있는가? AI가 인간의 지능을 모방할 수 있지만, 영성은 모방할 수 없는가?

감정과 창의성

AI는 감정과 창의성을 모방할 수 있는가? 인간의 감정과 창의성은 하나님의 형상대로 창조된 독특한 특성인가?

영혼의 존재

인간은 영혼을 가진 존재로 이해된다. AI는 영혼을 가질 수 있는가? 영혼의 개념을 어떻게 이해해야 하는가?

자유의지와 결정

기독교 신학은 인간의 자유의지를 중요한 개념으로 다룬다. 인간은 하나님의 뜻을 따라 자유롭게 결정을 내릴 수 있는 존재로 이해된다. 그러나 AI는 데이터를 기반으로 결정을 내리며, 이는 인간의 자유의지와 어떻게 조화를 이룰 수 있는가? 주요 논의 포인트는 다음과 같다.

AI의 결정과 인간의 선택

AI가 인간의 결정을 지원하거나 대체할 때, 이는 인간의 자유의지를 훼손하는가? 아니면 인간의 선택을 더 풍요롭게 하는가?

도덕적 결정의 책임

AI가 도덕적 결정을 내릴 때, 이 결정의 책임은 누구에게 있는가? AI는 도덕적 주체로 간주될 수 있는가?

예정론과 AI

기독교 신학의 예정론은 인간의 운명이 하나님에 의해 미리 결정되었다는 개념이다. AI의 결정이 인간의 운명에 영향을 미칠 때, 이는 예정론과 어떻게 조화를 이룰 수 있는가?

AI와 신학적 딜레마

AI는 신학적 딜레마를 야기하며, 이는 신앙의 본질에 대한 깊은 고민을 요구한다. 주요 딜레마는 다음과 같다.

기계와 인간의 경계

AI가 인간의 역할을 대체할 때, 인간과 기계의 경계는 어떻게 정의될 수 있는가? 이 경계가 모호해지는 문제를 어떻게 해결할 것인가?

신성과 기술

AI가 신성한 영역에 침투할 때, 이는 신성의 개념을 어떻게 변화시키는가? 기술이 신성한 영역을 훼손하지 않도록 어떻게 보호할 수 있는가?

신앙과 이성

AI는 이성과 논리를 기반으로 작동한다. 이는 신앙과 이성의 관계를 어떻게 이해해야 하는지에 대한 질문을 던진다. 신앙은 이성을 초월하는가, 아니면 이성과 조화를 이룰 수 있는가?

신학적 성찰의 필요성

AI는 신학적 질문을 도발하며, 이는 신앙의 본질에 대한 깊은 성찰을 요구한다. AI가 창조주와 피조물의 관계, 인간의 독특성, 자유의지 등 신학적 주제에 대한 새로운 논의를 필요로 하면서, 신학자와 신앙인들은 이 도전에 어떻게 응답할지 고민해야 한다. 기술과 신앙의 조화를 이루기 위해서는 신학적 성찰과 윤리적 고민이 필수적이다.

AI가 신학에 어떤 질문을 던지고 있는지 탐구했다. AI는 창조주와 피조물의 관계, 인간의 독특성, 자유의지 등 신학적 주제에 대한 새로운 논의를 필요로 하며, 이는 신앙의 본질에 대한 깊은 성찰을 요구한다. 이제 AI가 교회 운영과 공동체에 어떻게 영향을 미치는지 논의할 것이다.

04

AI와 교회: 공동체의 변화

AI 기술이 실제 교회 공동체 안에서 어떤 방식으로 활용되고 있으며, 앞으로 어떤 변화를 이끌어 낼 수 있는지를 탐구한다. 예배 자동화, AI 설교 분석 도구, 디지털 목회 상담, 가상현실 예배 플랫폼 등은 전통적인 교회 운영 방식을 변화시키고 있다. 그러나 이러한 변화가 공동체성, 성례전, 목회자의 역할 등 교회의 신학적 본질과 충돌할 여지는 없는지, 신중한 접근이 요구된다. 교회가 단순히 '운영하는 시스템'이 아니라, '살아 있는 신앙 공동체'로서 유지되기 위해 AI가 어떻게 보완적으로 기능해야 하는지를 논의한다.

AI와 사주?

교회와 기술의 만남

교회는 역사적으로 사회의 변화에 적응하며 진화해 왔다. 현대 사회에서 기술의 발전은 교회의 운영 방식과 공동체의 형태에 새로운 가능성을 열고 있다. AI는 교회 행정, 예배, 교육, 목회 상담 등 다양한 영역에서 활용될 수 있으며, 이를 통해 교회 공동체의 효율성과 접근성을 높일 수 있다. 그러나 동시에 AI의 도입은 교회의 전통적 가치와 역할에 대한 새로운 질문을 던진다. 이 장에서는 AI가 교회 운영과 공동체에 어떻게 영향을 미치는지 탐구한다.

AI와 교회 행정

교회 행정은 교회의 원활한 운영을 위해 필수적이지만, 종종 시간과 자원이 많이 소모되는 작업이다. AI는 교회 행정을 자동화하여, 목회자와 직원들이 신앙적 사역에 더 많은 시간을 할애할 수 있도록 돕는다. 주요 활용 사례는 다음과 같다.

등록 및 회원 관리

AI는 교회 등록과 회원 관리를 자동화하여, 회원 정보를 효율적으로 관리할 수 있다. 예를 들어, AI는 회원의 출석 기록을 분석하여, 정기적으로 출석하지 않는 회원에게 격려 메시지를 보낼 수 있다.

예산 관리 및 기부 분석

AI는 교회의 재정을 관리하고, 기부 패턴을 분석하여 재정 계획을 수립하는 데 도움을 줄 수 있다. 이를 통해 교회는 더 투명하고 효율적으로 재정을 운영할 수 있다.

일정 조정 및 이벤트 관리

AI는 교회의 일정을 자동으로 조정하고, 이벤트를 관리하는 데 활용될 수 있다. 예를 들어, AI는 교회 행사의 참석률을 예측하여, 필요한 준비를 자동으로 조정할 수 있다.

AI와 예배

예배는 교회 공동체의 핵심적인 활동이다. AI는 예배의 형태와 경험을 변화시키는 새로운 가능성을 제공한다. 주요 활용 사례는 다음과 같다.

가상 예배

AI와 가상현실 기술을 결합하여, 가상 예배를 진행할 수 있다. 이는 특히 거리적 제약이 있는 사람들에게 교회 공동체에 참여할 수 있는 기회를 제공한다.

예배 음악 및 미디어 관리

AI는 예배 음악을 자동으로 선택하고, 미디어를 관리하는 데 활용될 수 있다. 예를 들어, AI는 예배의 분위기에 맞는 음악을 추천하거나, 실시간으로 미디어를 조정할 수 있다.

예배 참여 분석

AI는 예배 참여자의 반응을 분석하여, 예배의 효과를 평가할 수 있다. 이를 통해 교회는 예배의 질을 개선할 수 있다.

AI와 교육

교회 교육은 신앙 공동체의 성장을 위해 필수적이다. AI는 교회 교육을 더 효과적이고 접근성 있게 만드는 데 활용될 수 있다. 주요 활용 사례는 다음과 같다.

맞춤형 교육 프로그램

AI는 개인의 학습 스타일과 수준을 분석하여, 맞춤형 교육 프로그램을 제공할 수 있다. 이를 통해 각 개인의 신앙 성장을 더 효과적으로 지원할 수 있다.

가상 교육 플랫폼

AI는 가상 교육 플랫폼을 통해, 언제 어디서나 교육에 참여할 수 있는 기회를 제공한다. 이는 특히 바쁜 현대인들에게 유용하다.

교육 효과 분석

AI는 교육 프로그램의 효과를 분석하여, 개선 방안을 제시할 수 있다. 이를 통해 교회 교육의 질을 지속적으로 향상할 수 있다.

AI와 목회 상담

목회 상담은 교회 공동체의 중요한 사역 중 하나다. AI는 목회 상담을 지원하는 도구로 활용될 수 있으며, 특히 초기 상담과 지속적인 지원에 유용하다. 주요 활용 사례는 다음과 같다.

AI 챗봇 상담

AI 챗봇은 사용자의 고민을 듣고, 성경 구절이나 조언을 제공할 수 있다. 이는 특히 목회자가 상담 시간이 부족할 때 유용하다.

감정 분석 및 지원

AI는 사용자의 감정 상태를 분석하여, 적절한 상담 지원을 제공할 수 있다. 예를 들어, 우울증 증상을 보이는 사용자에게 전문적인 도움을 권할 수 있다.

상담 기록 관리

AI는 상담 기록을 관리하고, 상담의 효과를 분석할 수 있다. 이를 통해 목회자는 상담의 질을 개선할 수 있다.

AI와 교회 공동체의 변화

AI는 교회 공동체의 형태와 기능을 변화시키는 새로운 가능성을 제공한다. 주요 변화는 다음과 같다.

글로벌 공동체의 확장

AI는 언어 번역과 가상 플랫폼을 통해, 글로벌 신앙 공동체를 확장할 수 있다. 이를 통해 교회는 더 넓은 범위에서 사역을 수행할 수 있다.

공동체의 유대감 강화

AI는 교회 공동체의 유대감을 강화하는 데 활용될 수 있다. 예를 들어, AI는 회원들의 출석과 참여를 분석하여, 소외된 회원을 지원할 수 있다.

새로운 세대와의 소통

AI는 젊은 세대와의 소통을 강화하는 데 활용될 수 있다. 예를 들어, AI 기반 소셜 미디어 플랫폼을 통해, 젊은 세대와의 접점을 확대할 수 있다.

결론: 기술과 전통의 조화

AI는 교회 운영과 공동체에 새로운 가능성을 제공하지만, 동시에 전통적 가치와 역할에 대한 새로운 질문을 던진다. 기술과 전통의 조화를 이루기 위해서는 신학적 성찰과 윤리적 고민이 필수적이다. 교회는 AI를 활용하여 공동체의 효율성과 접근성을 높이면서도, 신앙의 본질과 공동체의 가치를 지켜 나가야 한다.

AI가 교회 운영과 공동체에 어떻게 영향을 미치는지 탐구했다. AI는 교회 행정, 예배, 교육, 목회 상담 등 다양한 영역에서 활용될 수 있으며, 이를 통해 교회 공동체의 효율성과 접근성을 높일 수 있다. 그러나 동시에 AI의 도입은 교회의 전통적 가치와 역할에 대한 새로운 질문을 던진다. 이제 AI가 윤리적 문제를 어떻게 도발하는지, 그리고 이 문제에 어떻게 대응할 수 있는지 논의할 것이다.

05
AI와 윤리: 신앙적 관점에서의 도전

AI 기술은 그 자체로 중립적인 도구가 아니며, 그것을 설계하고 사용하는 인간의 가치와 의도가 반영된다. AI가 제기하는 여러 윤리적 문제들, 특히 신앙적 세계관 속에서 고민해야 할 질문들을 집중적으로 조명한다. 예컨대 알고리즘의 편향성, 감시 사회의 확산, 자동화된 의사 결정에 따른 책임 소재 문제 등은 신앙 공동체가 외면할 수 없는 시대적 질문이다. 성경적 가치관을 바탕으로 AI 윤리를 재정립하며, 신앙인의 사회적 책임과 공동체의 대응 방안을 제시한다.

AI와 아이돌?

AI의 윤리적 딜레마

AI의 발전은 인간 사회에 많은 혜택을 가져다주지만, 동시에 심각한 윤리적 문제를 야기한다. 데이터 프라이버시, 알고리즘 편향, 자율적 무기 시스템 등 AI와 관련된 윤리적 문제는 신앙 공동체와 개인에게도 중요한 도전을 던진다. 이 장에서는 AI가 제기하는 윤리적 문제를 신앙적 관점에서 분석하고, 이러한 문제에 어떻게 대응할 수 있는지 탐구한다.

데이터 프라이버시와 신뢰

AI는 방대한 양의 데이터를 수집하고 분석하여 작동한다. 이 과정에서 개인의 프라이버시와 신뢰가 중요한 문제로 대두된다. 주요 논의 포인트는 다음과 같다.

개인 정보 보호

AI는 개인의 기도, 명상, 신앙생활 데이터를 수집한다. 이 데이터가 오용되거나 유출될 경우, 개인의 프라이버시가 침해될 수 있다. 교회와 신앙 공동체는 어떻게 이를 보호할 수 있는가?

신뢰의 문제

AI가 개인의 신앙생활 데이터를 수집하고 분석할 때, 이는 신뢰를 구축할 수 있는가? 신앙인들은 AI가 자신의 영적 데이터를 어떻게 사용하는지 신뢰할 수 있는가?

윤리적 데이터 사용

AI가 수집한 데이터를 윤리적으로 사용하기 위한 가이드라인과 정책이 필요하다. 교회와 신앙 공동체는 이를 어떻게 수립할 수 있는가?

알고리즘 편향과 공정성

AI 알고리즘은 데이터를 기반으로 결정을 내리며, 이 과정에서 편향이 발생할 수 있다. 이는 공정성과 정의에 대한 신앙적 관점에서 중요한 문제를 제기한다. 주요 논의 포인트는 다음과 같다.

알고리즘 편향의 원인

AI 알고리즘은 학습 데이터에 내재된 편향을 반영할 수 있다. 이는 특정 집단에 대한 불공정한 대우를 초래할 수 있다. 신앙 공동체는 이를 어떻게 식별하고 해결할 수 있는가?

공정성과 정의

기독교 신앙은 공정성과 정의를 중요한 가치로 여긴다. AI 알고리즘이 불공정한 결정을 내릴 때, 이는 신앙적 가치에 어떻게 위배되는가?

윤리적 알고리즘 설계

AI 알고리즘을 설계할 때, 공정성과 정의를 고려한 윤리적 가이드라인이 필요하다. 신앙 공동체는 이를 어떻게 수립할 수 있는가?

자율적 결정과 도덕적 책임

AI는 점점 더 복잡한 결정을 내리는 능력을 갖추고 있다. 이는 도덕적 책임의 문제를 야기한다. 주요 논의 포인트는 다음과 같다.

AI의 도덕적 결정

AI가 도덕적 결정을 내릴 때, 이 결정의 책임은 누구에게 있는가? AI는 도덕적 주체로 간주될 수 있는가?

인간의 책임

AI가 인간의 결정을 대체할 때, 이는 인간의 도덕적 책임을 어떻게 변화시키는가? 인간은 AI의 결정에 대해 어떤 책임을 져야 하는가?

신앙적 관점에서의 도덕적 책임

기독교 신앙은 인간의 도덕적 책임을 중요한 가치로 여긴다. AI의 도덕적 결정이 인간의 책임에 어떤 영향을 미치는지 신학적으로 어떻게 이해할 수 있는가?

AI와 사회적 불평등

AI의 발전은 사회적 불평등을 심화할 수 있다. 이는 기독교 신앙의 사회적 정의와 평등에 대한 가치와 충돌한다. 주요 논의 포인트는 다음과 같다.

기술 접근성

AI 기술에 대한 접근성이 불평등하게 분포할 때, 이는 사회적 불평등을 심화할 수 있다. 신앙 공동체는 이를 어떻게 해결할 수 있는가?

고용과 경제적 불평등

AI가 인간의 일자리를 대체할 때, 이는 경제적 불평등을 초래할 수 있다. 신앙 공동체는 이 문제에 어떻게 대응할 수 있는가?

사회적 정의와 평등

기독교 신앙은 사회적 정의와 평등을 중요한 가치로 여긴다. AI가 사회적 불평등을 심화할 때, 이는 신앙적 가치에 어떻게 위배되는가?

AI와 생명 윤리

AI는 생명 윤리와 관련된 새로운 질문을 제기한다. 주요 논의 포인트는 다음과 같다.

AI와 생명의 가치

AI가 생명과 관련된 결정을 내릴 때, 이는 생명의 가치를 어떻게 이해해야 하는지에 대한 질문을 던진다. 예를 들어, AI가 의료 결정을 내릴 때, 이는 생명의 신성함과 어떻게 조화를 이룰 수 있는가?

AI와 인간 존엄성

AI가 인간의 존엄성을 훼손할 가능성이 있는가? 예를 들어, AI가 인간의 감정과 경험을 모방할 때, 이는 인간 존엄성에 어떤 영향을 미치는가?

신앙적 관점에서의 생명 윤리

기독교 신앙은 생명의 신성함과 인간 존엄성을 중요한 가치로 여긴다. AI가 생명 윤리와 관련된 결정을 내릴 때, 이는 신앙적 가치에 어떻게 위배되는가?

신앙적 윤리적 대응

AI가 제기하는 윤리적 문제는 신앙 공동체와 개인에게 중요한 도전을 던진다. 이를 대응하기 위해서는 신학적 성찰과 윤리적 가이드라인이 필수적이다. 신앙 공동체는 AI의 윤리적 문제를 식별하고, 이를 해결하기 위한 정책과 가이드라인을 수립해야 한다. 또한 신앙적 가치를 고려한 AI의 윤리적 사용을 촉진해야 한다.

AI가 제기하는 윤리적 문제를 신앙적 관점에서 분석했다. 데이터 프라이버시, 알고리즘 편향, 도덕적 책임, 사회적 불평등, 생명 윤리 등 AI와 관련된 윤리적 문제는 신앙 공동체와 개인에게 중요한 도전을 던진다. 이제 AI가 미래의 신앙생활에 어떤 영향을 미칠지, 그리고 이 변화에 어떻게 대응할 수 있는지 논의할 것이다.

06
AI와 미래 신앙: 가능성과 한계

AI가 계속해서 진화할수록 신앙생활의 방식 또한 변화할 수밖에 없다. 본 장에서는 기술이 지닌 무한한 가능성과 동시에 넘을 수 없는 한계를 분별력 있게 바라보며, 신앙의 본질이 어떻게 유지되고 확장될 수 있을지를 전망한다. 인간의 영성은 데이터나 코드로 완전히 대체될 수 없으며, 하나님의 형상대로 지음받은 존재로서의 존엄은 기술로 측정할 수 없는 가치임을 강조한다. 이 장은 기술의 편리함에 경도되기보다 기술과 함께 신앙을 조화롭게 이어 가기 위한 '영적 식별력'의 중요성을 역설한다.

AI와 야구?

미래 신앙생활의 전망

AI의 발전은 신앙생활의 미래를 어떻게 변화시킬 것인가? 이 질문은 신앙인, 신학자, 기술 전문가 모두에게 중요한 화두다. AI는 신앙생활을 풍요롭게 할 수 있는 도구이지만, 동시에 신앙의 본질을 훼손할 위험도 내포하고 있다. 이 장에서는 AI가 미래의 신앙생활에 어떤 영향을 미칠지 전망하고, 이 변화에 어떻게 대응할 수 있는지 탐구한다.

AI와 신앙생활의 새로운 가능성

AI는 신앙생활에 새로운 가능성을 열고 있다. 주요 가능성은 다음과 같다.

개인화된 영적 성장

AI는 개인의 신앙생활 데이터를 분석하여, 맞춤형 영적 성장 프로그램을 제공할 수 있다. 예를 들어, 개인의 기도 습관, 명상 패턴, 성경 연구 기록을 분석하여, 개인에게 가장 적합한 영적 성장 방식을 추천할 수 있다.

글로벌 신앙 공동체의 확장

AI는 언어 번역과 가상 플랫폼을 통해, 글로벌 신앙 공동체를 확장할 수 있다. 이를 통해 신앙인들은 세계 각지의 신앙 공동체와 소통하고, 교류할 수 있다.

가상현실(VR)과 증강현실(AR)을 통한 신앙 체험

가상현실과 증강현실 기술은 신앙인들이 가상의 성지 순례를 경험하거나, 성경 속 사건을 생생하게 체험할 수 있는 기회를 제공한다. 이는 특히 거리적, 경제적 제약이 있는 사람들에게 유용하다.

AI 기반 신학 연구

AI는 성경 텍스트를 분석하여, 새로운 해석과 통찰을 제공할 수 있다. 이를 통해 신학 연구는 더 풍부하고 다양해질 수 있다.

AI의 한계와 신앙의 본질

AI는 신앙생활에 많은 가능성을 제공하지만, 동시에 한계도 존재한다. 주요 한계는 다음과 같다.

영성의 본질 훼손

AI가 기도, 명상, 성경 연구를 지원할 수 있지만, 이것이 영성의 본질을 훼손하지 않는가? 기술이 영적 체험을 대체하거나 왜곡할 위험이 있는가?

인간관계의 약화

AI가 신앙 공동체의 상호작용을 대체할 때, 이는 인간관계를 약화할 수 있다. 신앙 공동체는 인간적 유대감과 교제를 통해 성장한다. AI가 이를 대체할 수 있는가?

신앙의 주체성 상실

AI가 신앙생활의 많은 부분을 대체할 때, 이는 신앙인의 주체성을 상실시킬 수 있다. 신앙은 개인의 내면적 탐구와 신성한 존재와의 관계를 통해 이루어진다. AI가 이를 대체할 수 있는가?

AI와 신앙 공동체의 변화

AI는 신앙 공동체의 형태와 기능을 변화시킬 수 있다. 주요 변화는 다음과 같다.

가상 교회의 등장

AI와 가상현실 기술을 통해, 가상 교회가 등장할 수 있다. 이는 특히 거리적 제약이 있는 사람들에게 교회 공동체에 참여할 수 있는 기회를 제공한다.

목회 사역의 변화

AI가 목회 상담, 예배 준비, 교육 등을 지원할 때, 목회자의 역할은 어떻게 변화할 것인가? 목회자는 AI를 어떻게 활용할 수 있는가?

신앙 교육의 혁신

AI는 신앙 교육을 더 효과적이고 접근성 있게 만드는 데 활용될 수 있다. 이를 통해 신앙 공동체는 더 풍부한 교육 프로그램을 제공할 수 있다.

AI와 신앙의 미래: 윤리적 고민

AI가 미래의 신앙생활에 미치는 영향은 윤리적 고민을 요구한다. 주요 고민 사항은 다음과 같다.

기술 의존도의 증가

AI가 신앙생활에 깊이 관여할 때, 이는 신앙인들의 기술 의존도를 증가시킬 수 있다. 이는 신앙의 본질을 훼손하지 않는가?

데이터 프라이버시와 신뢰

AI가 신앙생활 데이터를 수집하고 분석할 때, 이는 개인

의 프라이버시와 신뢰를 어떻게 보호할 수 있는가?

인간과 기계의 경계

AI가 신앙생활의 많은 부분을 대체할 때, 인간과 기계의 경계는 어떻게 정의될 수 있는가? 이 경계가 모호해지는 문제를 어떻게 해결할 것인가?

기술과 영성의 조화로운 공존

AI는 신앙생활에 많은 가능성을 제공하지만, 동시에 신앙의 본질을 훼손할 위험도 내포하고 있다. 기술과 영성의 조화로운 공존을 이루기 위해서는 신학적 성찰과 윤리적 고민이 필수적이다. 신앙 공동체는 AI를 활용하여 신앙생활을 풍요롭게 하면서도, 신앙의 본질과 공동체의 가치를 지켜 나가야 한다.

AI가 미래의 신앙생활에 어떤 영향을 미칠지 전망했다. AI는 신앙생활을 풍요롭게 할 수 있는 도구이지만, 동시에 신앙의 본질을 훼손할 위험도 내포하고 있다. 이제 AI가 성경 연구와 해석에 어떻게 활용될 수 있는지 논의할 것이다.

07
AI와 성경 연구: 새로운 해석의 가능성

AI는 성경 본문을 분석하고 구조화하는 데 기존의 방식보다 훨씬 더 빠르고 정교한 처리를 가능하게 한다. 자연어 처리(NLP), 의미론 분석, 문맥 재구성 등은 신학자와 설교자에게 유용한 도구가 될 수 있다. 그러나 동시에 AI의 해석은 인간의 신앙적 직관과 성령의 조명이라는 핵심 요소를 결코 대신할 수 없다는 경계가 필요하다. AI가 성경 해석의 도구로 어떤 역할을 할 수 있으며, 전통적인 해석 방식과 어떻게 조화를 이룰 수 있는지를 제시하며, 말씀을 대하는 태도의 균형을 모색한다.

AI와 윤동주?

성경 연구의 새로운 지평

성경은 기독교 신앙의 핵심 텍스트로, 수 세기 동안 신학자들과 신앙인들에게 깊이 있는 연구와 해석의 대상이 되어 왔다. AI의 발전은 이 전통적인 성경 연구 방법에 새로운 가능성을 열고 있다. AI는 성경 텍스트를 분석하고, 새로운 해석을 제시하며, 역사적 맥락을 재구성하는 데 활용될 수 있다. 이 장에서는 AI가 성경 연구와 해석에 어떻게 활용될 수 있는지 탐구한다.

AI와 성경 텍스트 분석

AI는 성경 텍스트를 분석하여, 새로운 통찰을 제공할 수 있다. 주요 활용 사례는 다음과 같다.

자연어 처리(NLP)를 통한 텍스트 분석

AI는 자연어 처리 기술을 통해, 성경 텍스트의 언어적 패턴과 구조를 분석할 수 있다. 이를 통해 성경의 문학적 특징과 신학적 주제를 더 깊이 이해할 수 있다.

단어와 구절의 빈도 분석

AI는 성경에서 특정 단어나 구절이 얼마나 자주 등장하는지 분석할 수 있다. 이를 통해 성경의 주요 주제와 강조점을 파악할 수 있다.

텍스트 비교 및 대조

AI는 성경의 다른 번역본을 비교하고 대조하여, 번역의 차이와 의미의 변화를 분석할 수 있다. 이를 통해 성경 해석의 다양성을 이해할 수 있다.

AI와 성경 해석

AI는 성경 해석에 새로운 접근법을 제공할 수 있다. 주요 활용 사례는 다음과 같다.

맥락적 해석

AI는 성경 텍스트의 역사적, 문화적 맥락을 분석하여, 텍스트의 원래 의미를 더 정확히 이해할 수 있도록 돕는다. 예를 들어, AI는 고대 히브리어와 헬라어 텍스트를 분석하여, 당시의 사회적, 종교적 배경을 재구성할 수 있다.

주제별 해석

AI는 성경의 특정 주제를 중심으로 텍스트를 분석하여, 해당 주제에 대한 깊이 있는 해석을 제공할 수 있다. 예를 들어, "사랑"이나 "구원"과 같은 주제에 대한 성경의 가르침을 종합적으로 분석할 수 있다.

비교 종교학적 접근

AI는 성경 텍스트를 다른 종교 텍스트와 비교하여, 공통점과 차이점을 분석할 수 있다. 이를 통해 성경의 독특성을 이해할 수 있다.

AI와 성경 연구 도구

AI는 성경 연구를 지원하는 다양한 도구를 제공한다. 주요 도구는 다음과 같다.

AI 기반 성경 검색 엔진

AI는 성경 텍스트를 빠르고 정확하게 검색할 수 있는 도구를 제공한다. 사용자는 특정 단어나 구절을 검색하여, 관련된 모든 텍스트를 찾을 수 있다.

가상 성경 도서관

AI는 가상 성경 도서관을 구축하여, 다양한 성경 번역본과 주석을 한곳에서 검색하고 비교할 수 있도록 돕는다.

성경 연구 플랫폼

AI는 성경 연구를 위한 온라인 플랫폼을 제공하여, 신학자와 신앙인들이 협력하고 지식을 공유할 수 있도록 돕는다.

AI와 성경 연구의 윤리적 고민

AI가 성경 연구에 도입되면서, 몇 가지 윤리적 고민이 제기된다. 주요 고민 사항은 다음과 같다.

해석의 객관성과 주관성

AI는 데이터를 기반으로 객관적인 분석을 제공할 수 있지만, 성경 해석은 종종 주관적인 요소를 포함한다. AI의 해석이 신학적 다양성을 훼손하지 않는가?

전통적 해석과의 조화

AI가 새로운 해석을 제시할 때, 이는 전통적 해석과 어떻게 조화를 이룰 수 있는가? 신앙 공동체는 AI의 해석을 어떻게 수용할 수 있는가?

데이터 프라이버시와 신뢰

AI가 성경 연구 데이터를 수집하고 분석할 때, 이는 개인

의 프라이버시와 신뢰를 어떻게 보호할 수 있는가?

기술과 전통의 조화

AI는 성경 연구와 해석에 새로운 가능성을 제공하지만, 동시에 전통적 가치와 방법에 대한 새로운 질문을 던진다. 기술과 전통의 조화를 이루기 위해서는 신학적 성찰과 윤리적 고민이 필수적이다. 신앙 공동체는 AI를 활용하여 성경 연구를 풍요롭게 하면서도, 성경의 본질과 전통적 해석의 가치를 지켜 나가야 한다.

AI가 성경 연구와 해석에 어떻게 활용될 수 있는지 탐구했다. AI는 성경 텍스트 분석, 맥락적 해석, 주제별 해석 등 다양한 방법으로 성경 연구를 지원할 수 있다. 그러나 동시에 AI의 도입은 해석의 객관성과 주관성, 전통적 해석과의 조화 등 윤리적 고민을 요구한다. 이제 AI가 선교 활동에 어떻게 활용될 수 있는지 논의할 것이다.

08
AI와 선교: 글로벌 신앙 공동체의 확장

AI는 언어 장벽을 넘고, 문화를 분석하며, 시간과 공간의 제약 없이 복음을 전할 수 있는 새로운 가능성을 제시한다. AI 번역 시스템, 선교지 분석 알고리즘, 가상현실 기반 선교 플랫폼 등의 도입을 통해 선교 현장의 전략이 어떻게 진화하고 있는지를 다룬다. 그러나 복음은 단지 '정보'가 아닌 '삶의 증거'이기에, AI가 감당할 수 없는 '인간성의 전달'이 여전히 필요함을 강조한다. 선교의 도구로서 AI의 유용성을 인정하되, 선교의 본질과 방향이 흐려지지 않도록 하는 신앙적 균형을 제시한다.

AI와 한의학?

선교와 기술의 만남

선교는 기독교 신앙의 핵심 사명 중 하나로, 복음을 전하고 신앙 공동체를 확장하는 것을 목표로 한다. 현대 사회에서 기술의 발전은 선교 활동에 새로운 가능성을 열고 있다. AI는 언어 번역, 문화적 이해, 가상 선교 플랫폼 등을 통해, 글로벌 신앙 공동체를 확장하는 데 활용될 수 있다. 이 장에서는 AI가 선교 활동에 어떻게 활용될 수 있는지 탐구한다.

AI와 언어 번역

언어는 선교 활동에서 가장 큰 장벽 중 하나다. AI는 언어 번역 기술을 통해, 이 장벽을 극복할 수 있는 강력한 도구를 제공한다. 주요 활용 사례는 다음과 같다.

실시간 번역

AI는 실시간 번역 기술을 통해, 선교사와 현지인 간의 소통을 원활하게 돕는다. 예를 들어, AI 번역 앱은 대화를 실시간으로 번역하여, 언어 장벽을 극복할 수 있도록 돕는다.

성경 번역

AI는 성경 텍스트를 다양한 언어로 빠르고 정확하게 번역할 수 있다. 이를 통해 성경은 더 많은 언어로 보급될 수 있으며, 특히 소수 언어 사용자들에게 복음을 전할 수 있는 기회를 제공한다.

문화적 맥락 이해

AI는 언어뿐만 아니라 문화적 맥락도 이해할 수 있다. 이를 통해 번역된 메시지가 현지 문화에 적합하도록 조정할 수 있다.

AI와 문화적 이해

선교 활동은 문화적 이해가 필수적이다. AI는 문화적 데이터를 분석하여, 선교사가 현지 문화를 더 잘 이해할 수 있도록 돕는다. 주요 활용 사례는 다음과 같다.

문화적 데이터 분석

AI는 현지 문화의 사회적, 종교적, 역사적 배경을 분석하여, 선교사에게 필요한 정보를 제공한다. 이를 통해 선교사는 현지 문화에 더 잘 적응할 수 있다.

문화적 차이 극복

AI는 문화적 차이를 이해하고, 이를 극복할 수 있는 전략을 제시할 수 있다. 예를 들어, AI는 특정 문화에서 금기시되는 주제를 식별하고, 이를 피할 수 있는 방법을 제안할 수 있다.

맞춤형 선교 전략

AI는 현지 문화와 상황을 분석하여, 맞춤형 선교 전략을 제시할 수 있다. 이를 통해 선교 활동의 효과를 극대화할 수 있다.

AI와 가상 선교 플랫폼

AI는 가상 선교 플랫폼을 통해, 선교 활동의 접근성을 높일 수 있다. 주요 활용 사례는 다음과 같다.

온라인 선교 활동

AI는 온라인 플랫폼을 통해, 전 세계 어디서나 선교 활동을 진행할 수 있도록 돕는다. 예를 들어, AI 기반 소셜 미디어 플랫폼은 복음을 전하고, 신앙 공동체를 형성할 수 있는 기회를 제공한다..

가상현실 선교

가상현실 기술을 통해, 사용자는 가상의 선교 현장을 경험할 수 있다. 이를 통해 선교 활동에 대한 이해와 관심을 높일 수 있다.

원격 선교 교육

AI는 원격 선교 교육 플랫폼을 제공하여, 선교사를 교육하고 훈련할 수 있다. 이를 통해 선교사는 현장에 나가기 전에 충분한 준비를 할 수 있다.

AI와 선교의 윤리적 고민

AI가 선교 활동에 도입되면서, 몇 가지 윤리적 고민이 제기된다. 주요 고민 사항은 다음과 같다.

문화적 존중

AI가 현지 문화를 분석하고 이해할 때, 이는 문화적 존중을 어떻게 보장할 수 있는가? 선교 활동은 현지 문화를 존중하고, 이를 훼손하지 않아야 한다.

데이터 프라이버시와 신뢰

AI가 선교 활동 데이터를 수집하고 분석할 때, 이는 개인

의 프라이버시와 신뢰를 어떻게 보호할 수 있는가?

인간적 접촉의 중요성

AI가 선교 활동을 지원할 때, 이는 인간적 접촉의 중요성을 어떻게 유지할 수 있는가? 선교 활동은 인간적 유대감과 관계를 통해 이루어진다.

기술과 선교의 조화

AI는 선교 활동에 많은 가능성을 제공하지만, 동시에 윤리적 고민을 요구한다. 기술과 선교의 조화를 이루기 위해서는 신학적 성찰과 윤리적 가이드라인이 필수적이다. 선교사와 신앙 공동체는 AI를 활용하여 선교 활동의 효과를 극대화하면서도, 문화적 존중과 인간적 접촉의 가치를 지켜 나가야 한다.

AI가 선교 활동에 어떻게 활용될 수 있는지 탐구했다. AI는 언어 번역, 문화적 이해, 가상 선교 플랫폼 등을 통해, 글로벌 신앙 공동체를 확장하는 데 활용될 수 있다. 그러나 동시에 AI의 도입은 문화적 존중, 데이터 프라이버시, 인간적 접촉의 중요성 등 윤리적 고민을 요구한다. 이제 AI가 청소년 신앙 교육에 어떻게 활용될 수 있는지 논의할 것이다.

09
AI와 청소년 신앙 교육: 새로운 세대를 위한 도전

AI 세대라 불리는 오늘날 청소년들은 디지털 환경에 익숙해, 신앙 교육 방식도 변화를 요구한다. AI 튜터, 맞춤형 학습 알고리즘, 가상현실 체험형 성경 콘텐츠 등 기술 기반 도구를 활용해 어떻게 청소년들의 신앙적 성장과 정체성 형성을 도울 수 있을지 살펴본다. AI 교육은 인간 교사의 인격적 만남과 공동체 속에서의 관계 중심 학습과 함께할 때 비로소 그 효과를 발휘한다. 기술과 전통 교육의 통합이 필요하다는 관점에서, 청소년 교육에서 AI의 유익한 활용법과 주의점을 균형 있게 제시한다.

AI와 화장품?

청소년 신앙 교육의 새로운 지평

청소년 신앙 교육은 교회와 신앙 공동체의 미래를 위해 필수적인 사역이다. 그러나 현대 사회에서 청소년들은 디지털 기술에 익숙하며, 전통적인 교육 방법에 쉽게 집중하지 못하는 경우가 많다. AI는 청소년 신앙 교육에 새로운 가능성을 열고 있다. AI는 맞춤형 학습 프로그램, 가상현실 교육, AI 튜터 등을 통해, 청소년의 신앙 성장을 지원할 수 있다. 이 장에서는 AI가 청소년 신앙 교육에 어떻게 활용될 수 있는지 탐구한다.

AI와 맞춤형 학습 프로그램

AI는 청소년의 학습 스타일과 수준을 분석하여, 맞춤형 학습 프로그램을 제공할 수 있다. 주요 활용 사례는 다음과 같다.

개인화된 학습 경험

AI는 청소년의 학습 패턴과 이해도를 분석하여, 개인에게 가장 적합한 학습 자료와 방법을 제공한다. 이를 통해 청소년은 자신의 속도에 맞춰 신앙을 배우고 성장할 수 있다.

적응형 학습 시스템

AI는 청소년의 학습 진행 상황을 실시간으로 분석하고, 학습 내용을 조정하여 최적의 학습 경험을 제공한다. 예를 들어, 특정 주제를 이해하지 못한 청소년에게 추가 자료나 설명을 제공할 수 있다.

학습 동기 부여

AI는 게임화 요소를 도입하여, 청소년의 학습 동기를 높일 수 있다. 예를 들어, 퀴즈와 보상 시스템을 통해 청소년이 학습에 더 흥미를 느끼도록 돕는다.

AI와 가상현실 교육

가상현실 기술은 청소년 신앙 교육에 새로운 차원을 더할 수 있다. 주요 활용 사례는 다음과 같다.

가상 성지 순례

가상현실을 통해 청소년은 가상의 성지 순례를 경험할 수 있다. 이를 통해 성경 속 사건과 장소를 생생하게 체험할 수 있다.

상호작용적 학습 환경

가상현실은 청소년이 상호작용할 수 있는 학습 환경을 제공한다. 예를 들어, 청소년은 가상의 성경 속 인물과 대화하거나, 성경 속 사건에 직접 참여할 수 있다.

몰입형 교육 경험

가상현실은 청소년이 학습 내용에 완전히 몰입할 수 있는 환경을 제공한다. 이를 통해 청소년은 신앙 교육을 더 깊이 이해하고 체험할 수 있다.

AI 튜터와 멘토링

AI는 청소년 신앙 교육을 지원하는 튜터와 멘토 역할을 할 수 있다. 주요 활용 사례는 다음과 같다.

AI 튜터

AI는 청소년의 질문에 실시간으로 답변하고, 학습을 지원할 수 있다. 예를 들어, AI 튜터는 성경 구절에 대한 질문에 답변하거나, 신학적 개념을 설명할 수 있다.

개인화된 멘토링

AI는 청소년의 신앙 성장을 지원하는 개인화된 멘토링

프로그램을 제공할 수 있다. 예를 들어, AI는 청소년의 기도 생활을 분석하고, 영적 성장을 위한 조언을 제공할 수 있다.

지속적인 지원

AI는 청소년의 신앙생활을 지속적으로 지원할 수 있다. 예를 들어, AI는 청소년의 기도 습관을 추적하고, 정기적으로 격려 메시지를 보낼 수 있다.

AI와 청소년 신앙 교육의 윤리적 고민

AI가 청소년 신앙 교육에 도입되면서, 몇 가지 윤리적 고민이 제기된다. 주요 고민 사항은 다음과 같다.

데이터 프라이버시와 신뢰

AI가 청소년의 학습 데이터를 수집하고 분석할 때, 이는 개인의 프라이버시와 신뢰를 어떻게 보호할 수 있는가?

인간적 관계의 중요성

AI가 교육을 지원할 때, 이는 인간적 관계의 중요성을 어떻게 유지할 수 있는가? 신앙 교육은 인간적 유대감과 관계를 통해 이루어진다.

교육의 질과 내용

AI가 제공하는 교육의 질과 내용이 신앙적 가치와 일치하는가? AI는 신앙 교육의 본질을 훼손하지 않는가?

기술과 전통의 조화

AI는 청소년 신앙 교육에 많은 가능성을 제공하지만, 동시에 윤리적 고민을 요구한다. 기술과 전통의 조화를 이루기 위해서는 신학적 성찰과 윤리적 가이드라인이 필수적이다. 교회와 신앙 공동체는 AI를 활용하여 청소년 신앙 교육을 풍요롭게 하면서도, 신앙의 본질과 인간적 관계의 가치를 지켜 나가야 한다.

AI가 청소년 신앙 교육에 어떻게 활용될 수 있는지 탐구했다. AI는 맞춤형 학습 프로그램, 가상현실 교육, AI 튜터 등을 통해, 청소년의 신앙 성장을 지원할 수 있다. 그러나 동시에 AI의 도입은 데이터 프라이버시, 인간적 관계의 중요성, 교육의 질과 내용 등 윤리적 고민을 요구한다. 이제 AI와 신앙생활의 미래를 종합적으로 정리하며, 기술과 영성의 조화를 모색할 것이다.

10
기술과 영성의 조화

앞선 논의들을 종합하여, 인공지능이라는 거대한 기술 흐름 속에서도 기독교 신앙의 본질을 어떻게 지켜 내고 확장할 수 있을지를 정리한다. 기술은 진화하고 환경은 바뀌지만, 하나님과의 관계에서 비롯되는 영적 본질은 변하지 않는다. 신앙 공동체는 새로운 기술을 단순히 수용하거나 거부하는 것을 넘어서, 그것을 '거룩하게 변용'할 수 있는 지혜를 갖추어야 한다. 기술에 휘둘리는 신앙이 아니라, 신앙의 가치로 기술을 품을 수 있는 통찰과 용기를 제안하며, 미래 세대를 위한 영적 방향성을 제시한다.

종교와 AI?

기술과 영성의 조화를 위한 여정

AI는 현대 사회에서 빠르게 발전하며, 우리 삶의 다양한 측면에 영향을 미치고 있다. 신앙생활 역시 예외가 아니다. AI는 기도, 명상, 성경 연구, 교회 운영, 선교, 청소년 교육 등 다양한 영역에서 활용될 수 있으며, 이를 통해 신앙 공동체와 개인의 영적 성장을 지원할 수 있다. 그러나 동시에 AI는 신학적, 윤리적 질문을 도발하며, 신앙의 본질에 대한 깊은 고민을 요구한다. 이 장에서는 AI와 신앙생활의 관계를 종합적으로 정리하며, 기술과 영성의 조화를 모색한다.

AI가 가져온 변화와 가능성

AI는 신앙생활에 많은 변화와 가능성을 가져왔다. 주요 변화와 가능성은 다음과 같다.

개인화된 영적 성장

AI는 개인의 신앙생활 데이터를 분석하여, 맞춤형 영적 성장 프로그램을 제공할 수 있다. 이를 통해 개인은 자신의 속도와 스타일에 맞춰 신앙을 성장시킬 수 있다. 예를 들어, AI는 개인의 기도 습관, 명상 패턴, 성경 연구 기록을 분석하여, 개인에게 가장 적합한 영적 성장 방식을 추천할 수 있다. 이는 특히 바쁜 현대인들에게 유용하며, 개인의 신앙생활을 더 체계적이고 효과적으로 관리할 수 있도록 돕는다.

글로벌 신앙 공동체의 확장

AI는 언어 번역과 가상 플랫폼을 통해, 글로벌 신앙 공동체를 확장할 수 있다. 이를 통해 신앙인들은 세계 각지의 신앙 공동체와 소통하고, 교류할 수 있다. 예를 들어, AI 기반 번역 기술은 언어 장벽을 극복하여, 다양한 문화와 언어를 가진 신앙인들이 함께 예배하고 교제할 수 있는 기회를 제공한다. 이는 특히 선교 활동에서 중요한 역할을 하며, 복음의 전파를 더 효과적으로 지원할 수 있다.

신앙 교육의 혁신

AI는 신앙 교육을 더 효과적이고 접근성 있게 만드는 데 활용될 수 있다. 이를 통해 신앙 공동체는 더 풍부한 교육 프로그램을 제공할 수 있다. 예를 들어, AI는 개인의 학습 스타일과 수준을 분석하여, 맞춤형 교육 프로그램을 제공할 수 있다. 이는 특히 청소년 신앙 교육에서 중요한 역할을 하며, 젊은 세대가 신앙을 더 깊이 이해하고 체험할 수 있도록 돕는다.

선교 활동의 새로운 지평

AI는 언어 번역, 문화적 이해, 가상 선교 플랫폼 등을 통해, 선교 활동의 접근성과 효과를 높일 수 있다. 예를 들어, AI 기반 번역 기술은 선교사와 현지인 간의 소통을 원활하게 돕고, 문화적 차이를 극복할 수 있는 전략을 제시할 수 있다. 이를 통해 선교 활동은 더 효과적이고 포괄적으로 이루어질 수 있다.

AI의 한계와 신앙의 본질

AI는 신앙생활에 많은 가능성을 제공하지만, 동시에 한계도 존재한다. 주요 한계는 다음과 같다.

영성의 본질 훼손

AI가 기도, 명상, 성경 연구를 지원할 수 있지만, 이는 영성의 본질을 훼손하지 않는가? 기술이 영적 체험을 대체하거나 왜곡할 위험이 있는가? 예를 들어, AI가 제공하는 기도나 명상 프로그램이 인간의 내면적 탐구와 신성한 존재와의 관계를 대체할 수 있는가? 이는 신앙의 본질에 대한 깊은 고민을 요구한다.

인간관계의 약화

AI가 신앙 공동체의 상호작용을 대체할 때, 이는 인간관계를 약화할 수 있다. 신앙 공동체는 인간적 유대감과 교제를 통해 성장한다. AI가 이를 대체할 수 있는가? 예를 들어, 가상 예배나 AI 목회 상담이 인간적 관계를 약화하지 않는가? 이는 신앙 공동체의 유대감과 교제를 어떻게 유지할 수 있는지에 대한 질문을 던진다.

신앙의 주체성 상실

AI가 신앙생활의 많은 부분을 대체할 때, 이는 신앙인의 주체성을 상실시킬 수 있다. 신앙은 개인의 내면적 탐구와 신성한 존재와의 관계를 통해 이루어진다. AI가 이를 대체할 수 있는가? 예를 들어, AI가 제공하는 신앙 교육이나 상담이 개인의 신앙적 주체성을 훼손하지 않는가? 이는 신앙인의 주체성을 어떻게 유지할 수 있는지에 대한 질문을 던진다.

기술과 영성의 조화를 위한 원칙

기술과 영성의 조화를 이루기 위해서는 몇 가지 원칙이 필요하다. 주요 원칙은 다음과 같다.

신앙의 본질 유지

AI를 활용하되, 신앙의 본질을 훼손하지 않도록 주의해야 한다. 기술은 신앙생활을 지원하는 도구일 뿐, 신앙의 본질을 대체할 수 없다. 예를 들어, AI가 제공하는 기도나 명상 프로그램은 인간의 내면적 탐구와 신성한 존재와의 관계를 보완하는 도구로 활용되어야 한다.

인간적 관계 강화

AI가 인간관계를 약화하지 않도록, 신앙 공동체는 인간적 유대감과 교제를 강화해야 한다. 기술은 인간관계를 보완하는 도구로 활용되어야 한다. 예를 들어, 가상 예배나 AI 목회 상담은 인간적 관계를 대체하지 않고, 이를 보완하는 도구로 활용되어야 한다.

윤리적 가이드라인 수립

AI의 활용은 윤리적 가이드라인을 기반으로 이루어져야 한다. 데이터 프라이버시, 알고리즘 편향, 도덕적 책임 등 윤리적 문제를 해결하기 위한 정책과 가이드라인이 필요하다. 예를 들어, AI가 수집한 신앙생활 데이터는 개인의 프라이버시와 신뢰를 보호하기 위해 엄격히 관리되어야 한다.

신학적 성찰

AI가 신학적 질문을 도발할 때, 신학자와 신앙인들은 이에 대한 깊은 성찰을 해야 한다. 기술과 신앙의 조화를 이루기 위해서는 신학적 논의가 필수적이다. 예를 들어, AI가 창조주와 피조물의 관계, 인간의 독특성, 자유의지 등 신학적 주제에 대한 새로운 논의를 필요로 할 때, 신학자와 신앙인들은 이에 대한 깊은 성찰을 해야 한다.

미래를 위한 제언

AI와 신앙생활의 관계는 지속적으로 발전할 것이다. 미래를 위해 다음과 같이 제언한다.

지속적인 연구와 개발

AI가 신앙생활에 어떻게 활용될 수 있는지 지속적으로 연구하고 개발해야 한다. 이를 통해 신앙 공동체는 AI의 가능성을 최대한 활용할 수 있다. 예를 들어, AI 기반 신앙 교육 프로그램이나 선교 도구를 지속적으로 개발하고 개선해야 한다.

신앙 공동체의 참여

신앙 공동체는 AI의 개발과 활용에 적극적으로 참여해

야 한다. 이를 통해 기술이 신앙적 가치와 조화를 이룰 수 있다. 예를 들어, 신앙인과 목회자는 AI의 개발과 활용에 대한 의견을 제시하고, 이를 통해 기술이 신앙적 가치를 반영할 수 있도록 해야 한다.

교육과 훈련

신앙인과 목회자는 AI를 이해하고 활용할 수 있도록 교육과 훈련을 받아야 한다. 이를 통해 기술과 신앙의 조화를 이루는 데 필요한 역량을 키울 수 있다. 예를 들어, AI 기반 신앙 교육 프로그램이나 선교 도구를 활용할 수 있는 교육과 훈련을 제공해야 한다.

기술과 영성의 조화로운 공존

AI는 신앙생활에 많은 가능성을 제공하지만, 동시에 신앙의 본질을 훼손할 위험도 내포하고 있다. 기술과 영성의 조화로운 공존을 이루기 위해서는 신학적 성찰과 윤리적 고민이 필수적이다. 신앙 공동체는 AI를 활용하여 신앙생활을 풍요롭게 하면서도, 신앙의 본질과 공동체의 가치를 지켜 나가야 한다. 이를 통해 기술과 영성의 조화로운 공존을 이루는 미래를 향해 나아갈 수 있다.

AI와 신앙생활의 관계를 종합적으로 정리하며, 기술

과 영성의 조화를 모색했다. AI는 신앙생활을 풍요롭게 할 수 있는 도구이지만, 동시에 신앙의 본질을 훼손할 위험도 내포하고 있다. 신앙 공동체는 AI를 활용하여 신앙생활을 지원하면서도, 신앙의 본질과 인간적 관계의 가치를 지켜 나가야 한다. 이를 통해 기술과 영성의 조화로운 공존을 이루는 미래를 향해 나아갈 수 있다.

임명수

핀테크전문 신문인 《핀테크투데이》의 대표이자 발행인이며, 한국열린사이버대학교 AI융합학과 특임교수와 사단법인 한국핀테크학회 감사로 재직 중이다. 가톨릭관동대학교 창업대학원에서 기술창업을 전공해 기술창업 석사학위를 취득했으며, IBK기업은행에서 20년 근무하고 IMF 상황에 퇴직해 핀테크회사 등 10여 개의 회사를 창업해 운영했다. 서울블록체인지원센터 센터장을 지냈고, 서울청년창업사관학교 코치를 맡는 등 청년 창업의 일선에서 활동했다. 핀테크의 전도사를 자임하여 '핀테크의 아버지'라는 별명을 가지고 있기도 하다. 은행 재직 중에는 《어느 은행원의 세상 바라보기》라는 시집을 내기도 하였으며, 단편영화를 제작하기도 했다. 최근에는 블록체인계의 전문가들과 함께 《디지털 부자가 꼭 알아야 할 NFT》라는 암호 화폐 관련 실용서와 《AI 핀테크와 재테크》를 출간하고, 블록체인 관련 각종 단체에 가입해 활동하는 등 블록체인 및 핀테크 영역의 확산에 힘을 쏟고 있다.